Administración del Dinero:

Conviértete en un Maestro en Poco Tiempo de Cómo Crear Presupuestos, Ahorrar Dinero y Salir de Deudas Mientras Que Construyes tu Libertad Financiera
Volumen 1

Por
Income Mastery

por parte del lector hará que las acciones resultantes sean únicamente de su competencia. No hay escenarios en los que el editor o el autor de este libro puedan ser considerados responsables de cualquier dificultad o daño que pueda ocurrirles después de realizar la información aquí expuesta.

Además, la información en las siguientes páginas está destinada únicamente a fines informativos y, por lo tanto, debe considerarse como universal. Como corresponde a su naturaleza, se presenta sin garantía con respecto a su validez prolongada o calidad provisional. Las marcas comerciales que se mencionan se realizan sin consentimiento por escrito y de ninguna manera pueden considerarse como auspicios de la misma.

Tabla de Contenidos

INTRODUCCIÓN

Como verás, todo se trata de fundamentos administrativos que debes tomar en cuenta como por ejemplo tu producción, ¿Qué produces realmente?, ¿Cuál es tu oferta? O mejor dicho… ¿Qué vas a ofertar? Luego de eso, ¿quién va a ser el público demandante de tu oferta?, es decir ¿quién va a necesitar tu producto?

Parece algo largo y tedioso, pero como puedes darte cuenta es un proceso de planificación que bien estructurado y definido te permitirá determinar cuánto necesitas invertir y cuánto esperar obtener de beneficios en un plazo que establecerás de acuerdo al proceso de tu producción y oferta en el mercado.

Recuerda que los presupuestos pueden ser públicos o privados y cada presupuesto está condicionado por metas claras y precisas en un tiempo determinado. Utilicemos un ejemplo claro: suponga que quiere ir de viajes con algún familiar o amigo/amiga para un lugar cercano a su país o región. De principio, usted ya estará, de forma determinante, estableciendo el principal objetivo: ir de viajes a un lugar de su país o región. Esto hace que sea una meta factible, ya que estará dentro de su límite presupuestario si está trabajando y obteniendo un ingreso que le permitirá llegar a lograr su viaje. Luego, tendrá que establecer prioritariamente los pasos para lograr ese objetivo o meta. Esto implica el seguir minuciosamente unas reglas para el logro de su objetivo, lo cual como parte de un plan, hace que se comprometa a cumplirlo a cabalidad porque al final usted espera lograr un resultado positivo, es por ello que contará también con la participación de aquella persona que le acompañará y dado ciertos pasos usted incluirá qué acciones deberá realizar la otra persona para formar parte de su estrategia planificada en el tiempo que desea lograrlo. Una vez finalizado los pasos y procedimientos para el logro de su objetivo, usted deberá tomar una decisión la cual será preponderante para delimitar el alcance del mismo.

Por lo general, los presupuestos al igual que la mayoría de los procesos planificados, suelen ser flexibles y estar sujetos a modificaciones y situaciones imprevistas. Es por ello que tomando el ejemplo anterior, es posible que se haya dado cuenta que aún le falta completar algunas cuotas para cubrir gastos necesarios para su viaje, o que de repente haya superado sus expectativas de ahorro y le quede algo para compras de suvenires o productos que desee alternativamente a su viaje.

Con el ejemplo del viaje, hemos tocado otros dos términos importantes: ingresos y gastos o egresos. Para definir un ingreso podemos visualizar a un empleado que ofrece servicios en una empresa, el pago que recibe por dichos servicios es lo que se denomina como ingresos, dicho empleado puede percibir ingresos desde otras vías; como por ejemplo propinas, comisiones, porcentajes o bonos por producción. Estos ingresos adicionales motivarán al empleado a mejorar y ampliar su producción de tal modo que buscará herramientas con las cuales pueda cumplir esa meta. Como verás, este proceso presupuestario está muy ligado a nuestras vidas y por lo tanto depende de nuestro juicio tomar las decisiones correctas y el mantenerse en el mercado de producción, para el caso anterior, la oferta de un servicio.

Quizá le suene fortuito el hecho de que una persona en particular pueda obtener ingresos adicionales, pero realmente no es así, lo que sucede es que cuando una persona se encuentra en situaciones de autoexigencia, se propone de forma "inconsciente" y a veces "intencional" realizar y ofrecer alternativas para su superación y lograr un mayor alcance de utilidades netas para su subsistencia. Entiéndase subsistencia como aquellos medios que son necesarios para mantenerse, en este caso económicamente. No obstante, hay que aclarar que la subsistencia también depende de una planificación y no de una improvisación, pues no va a estar nunca ligada como algo fortuito o improvisado. Los seres humanos tendemos a tener pensamientos instantáneos, que fluyen al igual que las palabras en micro milésimas de segundos, en este proceso dejamos que ideas productivas fluyan en nuestra mente y las llevamos a la acción en un tiempo que consideramos pertinente. Podemos dar esta analogía de igual manera para el presupuesto, ya que al establecer claramente nuestras metas y acciones a seguir, definimos de qué manera lo vamos a lograr para luego ir comprobando nuestros resultados con lo que nos hemos planteado y poder mejorar nuestro plan presupuestario de forma que lo que buscamos es tener siempre un balance positivo y nunca esperar un resultado negativo ya que nos haría sentir defraudados y desanimados, teniendo como objetivo aquello que deseamos lograr en ese tiempo que nos hemos propuesto.

¿Cuáles diferencias existen entre el presupuesto de una empresa particular y el de una organización o institución del estado? A simple vista parece ser fácil la respuesta a esta pregunta pero realmente uno de los puntos claves de dicha respuesta es el ingreso y el egreso o gasto como se mencionó en un ejemplo anterior. Las instituciones del estado al igual que las empresas privadas buscan cumplir metas u objetivos pero con una clara diferenciación: están sujetas a un plan de costos y por lo tanto están ligados a un recurso mucho más importante que los bienes materiales y se trata del personal humano y calificado. Sin este recurso las organizaciones e instituciones serían incapaces de funcionar adecuadamente y no tendrían éxito en lograr sus objetivos.

Si un vendedor de comida en la calle no tomara en cuenta la ocurrencia de los demandantes en un lugar donde quisiera ofertar y colocar su producto obviamente le sería muy difícil lograr sus objetivos de ventas y eso le acarrearía un fracaso inevitable y por lo tanto una pérdida que se verá reflejada en sus ingresos.

El factor humano como recurso es importante para establecer el límite de acción de los planes planteados para el logro de los objetivos.

Otro punto a tomar en cuenta es el determinar cuánto de responsabilidad tocará entre los miembros de una organización para el logro final de los objetivos. Si no están claro usted y su equipo sobre lo que deben lograr, para qué lo deben lograr y cómo lo van a lograr, de seguro se estará creando un ambiente inestable para la dirección y control de las acciones planteadas desde un principio.

Empecemos entonces a preparar con práctica en nuestra vida diaria cómo elaborar un presupuesto y mejorar nuestras finanzas.

Tema 1: Determina tus ingresos y gastos.

¿Cuántos ingresos generas al mes? Suele ser una pregunta muy difícil de responder pero si te atreves a determinarla deberás también definir cuánto de ganancia neta podrás obtener al cabo de ese tiempo. Una vez lograda la respuesta a la primera pregunta, podrás después calcular cuánto destinar a los gastos que en el próximo tema estaremos tratando. Para determinar con precisión tus ingresos, debes registrar ordenada y organizadamente el dinero que ganes por tu esfuerzo y el tiempo que te ha llevado ganarlo. Tu trabajo vale, siempre y cuando esté delimitado en un espacio de tiempo que dará la definitiva característica a dicho trabajo.

Empieza con los ingresos de mayor beneficio, es decir aquellos cuyo valor es mayor en el tiempo de estudio indicado, que está dentro de un mes, luego aquellos de menor valor tomando como referencia al de mayor valor. Una vez elaborada esta clasificación, se recomienda hacer una sumatoria a lo largo de todo el mes tomado tiempo delimitante para nuestro registro de ingresos, a lo que denominaremos: registro mensual de ingresos o registro de ingresos del MES X.

Cabe la importancia de destacar la accesibilidad a tus ingresos, aunque no lo creas, muchos de los ingresos al igual que los pagos que se pueden realizar en una tienda o comercio, pueden darse de distintas formas: depósito bancario, efectivo en moneda corriente, cheques, etc. Estas distintas formas de percibir el pago de tus trabajos, hace que de algún el ingreso no sea "real". Si te das cuenta, cuando te depositan un dinero, el mismo podría estar condicionado al cobro de comisiones por parte del banco, lo que hace que tu ingreso disminuya poco a poco. No se quiere ni se pretende dar a entender que los bancos son malos para tus ingresos, al contrario, suelen ser una mejor forma de poder planificar tu vida financiera y establecer mejores proyectos económicos. La finalidad de esta información es determinar la realidad de los ingresos percibidos, tomemos un ejemplo: Suponga que le pagan un trabajo en una moneda que no es la oficial en su país, obviamente al cambiarla a su moneda local tendrá un precio que al final determinará cuál ha sido el pago a recibir realmente. Esto es cierto para las personas que cuando cobran algún servicio o bien en monedas extranjeras tienen una expectativa del costo de su dicha moneda y por lo tanto queda condicionada al movimiento de la oferta y la demanda de precios de dicha moneda.

Consecuentemente, muchas personas que perciben ingresos en moneda extranjera se arriesgan a que el precio de esa moneda sea favorable para el cambio a su moneda local y recibir un mayor ingreso. Obviamente, esto no es caso muy común en aquellos países donde existen regulaciones para el ingreso de otras monedas que no sean las oficiales.

Ahora que ya puedes determinar cuáles son tus ingresos (entradas de dinero), entonces podremos determinar los egresos que van a ser tan importantes como los ingresos, de hecho, sin ellos no sabremos cuáles son nuestros beneficios netos reales y exactos.

Los gastos o egresos son tan complejos como nuestras emociones y necesidades, por esto debemos tener una mayor precisión para el registro y descripción de dicha información. Fundamentalmente, según los textos administrativos de uso común en las universidades, los egresos o gastos deben ser establecidos según una escala de categorías por prioridades e importancia. Así tenemos gastos que son prioritarios, es decir que obligatoriamente debemos pagarlos o sino nos será mucho más difícil llevar a cabo nuestros objetivos en el plazo que determinemos, y otros tipos de gastos que aunque no sean tan necesarios suelen formar parte del conjunto de gastos que se derivan de los prioritarios.

Considere como egreso prioritario los servicios básicos del hogar: luz, agua, teléfono, gas, alimentos, préstamo de vivienda, arriendo/alquiler en habitación, departamento o casa. Mientras que los no prioritarios, los cuales podríamos denominar como secundarios, pueden ser transportes, vestidos o ropa, calzados, pago de comisiones o trabajos externos como reparaciones, rentas de planes de celulares, cable tv, internet, comidas fuera de la casa y otros. De estos últimos tipos de gastos derivan unos que son muy temidos y provocan disminución en el ingreso personal de trabajadores, son los denominados "gastos hormigas" y deben ser cuidadosamente examinados y evitarlos es una obligación para cualquier persona que necesite mejorar y precisar efectivamente sus registros de ingresos. Estos gastos representan un 15% de nuestros gastos totales y sumados generan pérdidas que afectan nuestra capacidad de ahorro e inversión. Un ejemplo de este tipo de gastos lo representan aquellos que se hacen por "antojo" o capricho ante situaciones o momentos que no son imprescindibles y que solo generan placer y satisfacción superficial, es el caso de pagar por un taxi cuando en realidad se puede recurrir a servicios más económicos, las visitas al cine por la satisfacción y placer de ir a ver la última película de estreno, el pago de comisiones por atrasos en el pago de tarjetas, servicios básicos y otros. Y así existen otra serie de gastos de igual tipo que dañan nuestra iniciativa y utilidad monetaria.

Una vez hayamos registrado de forma determinante nuestros gastos, es importante hacer la sumatoria de esos gastos ordenándolos de mayor a menor. En la descripción de dicho gasto debemos tomar en cuento el período de recurrencia de este gasto: es decir, si se produce una o varias veces en el mes. En dado caso de tener más egresos que ingresos, no debemos desanimarnos, pues es allí cuando debemos tomar acción mediante un plan estratégico para ir eliminando aquellos gastos innecesarios y aumentar la capacidad de producir mayores ingresos.

Para elaborar las listas anteriores se pueden emplear hojas de resumen o de cálculo como las de los programas de oficina y registrar la mayor cantidad de información precisa posible para tomar decisiones que ayudarán a mejorar la situación que hayamos determinado. Es factible que toda esa información nos sirva de estudio para nuestra estrategia de desarrollo financiero y hará que pensemos mejor a la hora de gastar el dinero que arduamente y con mucho sacrificio nos hemos ganado.

Otra recomendación a la hora del registro de los gastos es clasificarlos de acuerdo a su necesidad, por ejemplo los gastos del hogar, gastos personales, alimentos, etc.

Tema 2. Decidir y emplear una herramienta de control.

Luego de registrar los egresos e ingresos, es hora de determinar con exactitud ¿qué o cuál herramienta de control será necesaria para disminuir los gastos y aumentar los ingresos? Simplemente se hace un cálculo sencillo para saber cuál es nuestro beneficio neto, en caso de ser positivo el beneficio, tendremos un superávit, de ser negativo será un déficit.

Si tenemos un superávit, la estrategia a utilizar dependerá de nuestras necesidades, para algunos, lo mejor sería invertir la ganancia obtenida de la resta de los egresos, para otros sería simplemente seguir un plan de ahorro para adquirir un bien necesario.

Una herramienta de control muy común es la lista de compras, otra es un presupuesto de producción o ventas si el caso es aumentar los ingresos.

Para otros, el control de su presupuesto se lleva a cabo mediante plantillas de registros actualizados de datos de egresos e ingresos. Sea cual fuere la herramienta empleada la finalidad siempre será la de controlar bien sea los gastos y los ingresos generados en el tiempo requerido para tal fin.

Una vez más, al determinar si se producen más egresos que ingresos, lo primero es empezar a reducir aquellos de alta incidencia que hacen disminuir drásticamente el ingreso. Hay gastos que son fijos y no se pueden prescindir de ellos, sin embargo, podríamos buscar alternativas que hagan reducir su salida como por ejemplo comprar productos más económicos o en ofertas, viajar en un medio de transporte menos costoso que el habitual, evitar el uso excesivo de algún servicio importante en nuestro hogar, como el teléfono, la luz, el agua y otros. Existen otros gastos denominados los "gastos hormigas" cuya incidencia en el presupuesto son muy catastróficas y perjudican el bienestar personal y familiar, este es el caso de la alimentación fuera de casa, comprando en restaurantes o cafeterías. Las mejores herramientas de control para el registro de egresos e ingresos son las plantillas de recolección de datos en combinación con respaldos escritos o impresos por fechas de los gastos llevados a cabos en un período semanal o mensual.

Para emplear o aplicar dichas plantillas se necesitan de aplicaciones sofisticadas como las hojas de cálculo electrónicas, las herramientas de software de oficina son muy útiles para estos casos, dado a su versatilidad desde un enfoque computacional. También podrían emplearse registros realizados mediante bases de datos, así como se guardan los recibos, boletas y facturas de los consumos realizados de igual manera se pueden elaborar bases de datos que conectadas con aplicaciones gráficas nos podrían mostrar gráficos y sumatorias de todos nuestros gastos e ingresos distribuidos en un tiempo determinado por el sistema. Hay otras herramientas tan sencillas como las anteriores, como son los softwares de administración financiera y contable, que facilitan mucho más la tarea del registro sin necesidad de especificar los campos que se necesitan sino que dichos software toman todo lo necesario de acuerdo a la información suministrada por el usuario y la procesan en reportes y cálculos que luego son mostrados en pantalla a necesidad y requerimiento del operador.

Obviamente para quienes no confían totalmente en herramientas electrónicas pueden continuar empleando el lápiz y el cuaderno y allí encartar los respaldos necesarios para luego proyectar los resultados del registro con la finalidad de tomar decisiones que ayuden a mejorar los resultados obtenidos.

Usualmente muchos expertos recomiendan la visita al banco para consultar y obtener consejos financieros sobre su dinero, pero esto cuenta cuando usted posee un capital base para administrar sus finanzas. Sin embargo suelen haber personas que por iniciativa propia podrían prestar ayuda de forma gratuita a su interés de ahorrar y tener mejores resultados sobre su dinero a futuro permitiéndole consejos que luego podrá aplicar de forma razonada y basado en sus propios intereses, tal es el caso de nuevas formas de obtener ingresos por medio de pequeñas inversiones o incluso como llevar a cabo un plan de ahorro que le permitirá obtener excelentes resultados a futuro.

Volviendo al tema del software, nos encontramos con buenas opciones tanto online como offline, haciendo siempre referencia a que muchos toman en cuenta el total de los ingresos y el de los egresos para poder proyectar un consejo o referencia sobre la administración de sus finanzas. Una pareja muy productiva hace tiempo querían saber cómo era posible que sus ingresos se desvanecieran tan rápido, pudiendo haber tenidos ingresos muy buenos y regulares durante todo el año, se daban cuenta que luego de obtener un ingreso determinado gastaban aproximadamente el 90% de lo que generaban y no veían un progreso en sus ahorros, esto les acarreaba consecuencias muy negativas y por ende una alta tensión en sus relaciones. Luego de aplicar técnicas de registro y detectar en qué se iban sus fondos, pudieron tomar acciones más determinantes y así mismo lograron una meta de ahorro que fue creciendo cada vez más con el pasar del tiempo.

Todos esos detalles los pudieron comprobar mediante asistencia financiera y empleando software de administración financiera personal, cuidadosamente revisaron cada uno de sus egresos y mediante los cálculos que proveían, observaron detalladamente cuáles eran esos gastos excesivos y qué alternativas se podrían aplicar. Obviamente esa es la importancia de emplear herramientas tecnológicas ya que a la hora de buscar un período determinado, es más rápido obtener resultados y poder tomar decisiones que ayudarán a mejorar dicho problema. Claramente sabemos cuál es nuestro mayor problema: ¡nuestros ingresos desaparecen!, pero existen problemas mucho más interesantes que a la medida de nuestras investigaciones nos darán más luces y reflexiones sobre cómo se está evaporando nuestro ingreso y de qué manera podemos evitar que siga habiendo una "fuga" de ese ingreso que tanto esfuerzo le hemos puesto para obtenerlo. Es por eso que debemos desglosar nuestro mayor problema en pequeños sub problemas que permitirán definir de forma esencial las estrategias a seguir para lograr en un período establecido nuestra meta de tener más ingresos que egresos.

No es fácil querer darse cuenta de aquellos errores financieros que se cometen durante tanto tiempo y que aun tratando de mejorarlos no muchos logran en definitiva cortar con ellos y empezar a cambiar su forma de pensar y actuar con respecto al dinero. Es un reto para todas las personas donde la voluntad y el anhelo de mejorar deben prevalecer para que el triunfo sea sostenido de principio a fin.

Cabe mencionar en este apartado una herramienta descrita por Nóchez Bonilla en el sitio web de Gestiópolis, donde define una técnica llamada el "Árbol de Ingresos y Egresos", cuya técnica tiene como objetivo el observar entradas y salidas (ingresos y egresos) económicas que influyan de manera negativa en el presupuesto de cualquier persona o grupo social a través de un análisis apropiado para luego buscar y aplicar estrategias que permitan aumentar los ingresos (entradas) y disminuir los egresos o salidas. Lo más destacable de esta técnica es el énfasis que hace en la toma de conciencia que deben tener las personas que aplican dicha herramienta y estar dispuestos a cambiar hábitos de gastos y aplicar nuevas formas de obtener ingresos, como material lo que buscar es educar a aquellos que lo aplican incluso adaptando acciones de concientización sobre el medio ambiente y algunas otras tendencias ecológicas, así mismo se espera que se aplique en un entorno grupal, esto debido a que mientras más miembros familiares o conocidos nos apoyen en la labor de ahorro y presupuesto será más fácil tener la voluntad de seguir adelante y cumplir con el objetivo final que nos hemos propuesto. A continuación se describe en forma resumida cómo puede aplicarse en la vida real dicha técnica y qué tiempo necesitamos para su aplicación.

Inicialmente establecemos un área de trabajo tranquilo y con ambiente relajante que estimule la creatividad y la armonía de pensamientos, al participar varias personas en una sesión se recomienda que cada uno se ubique de acuerdo a su comodidad y libertad de desenvolvimiento, seguidamente se buscan materiales reciclables para la elaboración de la actividad, tales como tapitas de botellas, papel y cartón reutilizado o recuperado de otros elementos, maderas, lápices, bolígrafos y cualquier otro que sirva para comprender y registrar la actividad.

Al momento de hacer el dibujo o bosqueja se presentan las partes del árbol de la manera siguiente: raíces, que serán las entradas, el tallo, la persona o personas de donde devienen los ingresos y las ramas representadas por los egresos, el grosor y tamaño de cada sección o parte determina la importancia del ingreso o egreso, mientras más grueso mayor importancia posee. Una vez dibujadas las ramas y raíces del árbol, se procede a observar detenidamente con mente crítica tanto las raíces como las ramas para identificar posibles inconsistencias en cada parte sometiendo a reflexión el diseño planteado, de ese modo cada persona se hace a sí mismo un llamado de conciencia sobre la situación planteada y busca luego comprometerse en una solución viable para lograr fortalecer aquellas acciones que le harán llegar a una meta factible y sin pérdida de tiempo.

Por último, el participante hace una estadística y gráfica de lo observado para llevar a cabo cada uno de los pasos requeridos y anotando aquellas consideraciones necesarias para cumplir su proyecto.

Al final, el propósito de emplear alguna de las herramientas mencionadas anteriormente es simplemente la de poder controlar el presupuesto personal o familiar, incluso el de una empresa pequeña en particular debido a su estructura microeconómica de funcionamiento, son ejemplos bien sentados para la aplicación del control del presupuesto. Desde ahora, solo toca probar y adaptar cada herramienta de acuerdo a las necesidades y prioridades establecidas para su estudio financiero.

Para concluir, la importancia que tiene la herramienta empleada será siempre la de hacerle reflexionar sobre su capacidad de resolver el problema de los egresos frente a los ingresos que percibe. Dado que el mayor problema siempre lo representarán los egresos, se hace necesario que pueda tomar conciencia y descubrir por voluntad propia aquellos que le han perjudicado y disminuirlos de una vez por todas estableciendo acciones que serán llevadas a cabo paso a paso para lograr el equilibrio económico deseado con miras a desarrollarse y realizarse de forma personal.

Tema 3. Utilizar una estrategia de ingresos y disminución de gastos en caso de déficit.

Anteriormente se comentaba del registro y control de egresos e ingresos. Se hizo especial énfasis en los egresos debido a la particularidad de afectar los ingresos y provocar consecuencias muy negativas en el entorno de cualquier persona, institución o empresa. Tomaremos en cuenta el hecho de que al estar afectados negativamente por los egresos, debidamente analizado por nuestros registros realizados, emplearemos algunas estrategias que harán de nuestro ingreso mucho más estable y con la opción de invertir en posibles opciones a futuro.

Una vez determinado y comprometido a cambiar su situación económica de déficit a superávit, entonces procederemos a establecer aquellas acciones que harán esta realidad y en el tiempo determinado. Analice cada gasto minuciosamente y establezca un patrón de recurrencia de dicho gasto, determine qué tan necesario es utilizar el dinero en esto y colóquelo en una lista de prioridades para luego buscar alternativas que le permitan reducirlo o sustituirlo por otro que requiera menos salida de dinero.

Se debe empezar a determinar cuáles de sus gastos fijos pueden ser disminuidos y reducirse de forma significativa. Si realmente necesita dinero adicional, es posible que desee considerar trabajar en un trabajo a tiempo parcial, mudarse a un apartamento de alquiler más bajo, conseguir un compañero de habitación o alquilar una habitación en su hogar a un huésped. Puede haber otras ideas de ahorro necesarias para ir haciendo realidad su meta, siempre habrá alternativas para todos esos gastos que parecen inevitables. Suponga que desea ahorrar en el gasto de electricidad, entonces debe empezar a tomar conciencia en dónde se consume mayor energía eléctrica en su hogar, puede ser alguna cocina eléctrica, un horno de microondas, alguna bombilla que permanece encendida por mucho tiempo, el uso de aparatos de excesivo consumo eléctrico hacen que la factura de consumo se eleve y obviamente tendrá más de qué preocuparse si no toma acción en definitiva. Al principio le puede costar desprenderse de algunos servicios innecesarios tales como el plan de internet de su celular si ya tiene uno incluido en su teléfono fijo o en la televisión por cable, lo mismo puede hacerse con el consumo del agua, al igual que aquellos gastos personales que suceden mientras estamos cumpliendo con otros como por ejemplo comprar cosas innecesarias durante las compras del mercado.

Si todavía tiene problemas para llegar a fin de mes, asegúrese de priorizar cosas como su hipoteca o el pago del alquiler y los pagos de su automóvil sobre la deuda no garantizada, como las tarjetas de crédito. Lo último que desea es perder su casa o automóvil. No pagar las facturas de su tarjeta de crédito dañará su puntaje de crédito, pero también hará que sus acreedores estén más dispuestos a negociar con usted un plan de pago asequible. Si lo prefiere, puede trabajar con una agencia de asesoría de crédito sin fines de lucro para negociar un plan de pago de deuda en su nombre.

El objetivo es pagar eventualmente toda la deuda que le está costando más en intereses de lo que razonablemente podría esperar ganar invirtiendo ese dinero. Para un inversor conservador, sería alrededor del 4%, 6% para un inversor moderado y 8% para alguien más agresivo. Si la tasa de interés está por debajo de eso, puede considerarse una buena deuda.

Una vez que sepa que puede cubrir todos sus gastos, asegúrese de pagarse a sí mismo antes de pagarle a alguien más, ya que ahorrará automáticamente algunos gastos no mensuales como vacaciones y días festivos, así como las emergencias que eventualmente surgirán. Idealmente, también querrá hacer un cálculo de jubilación para asegurarse de que está ahorrando lo suficiente para la jubilación, pero por ahora, al menos, intente poner suficiente en el plan de jubilación de su empleador para obtener los fondos equivalentes que están disponibles para usted. Eso es dinero gratis que no quieres dejar sobre la mesa.

Ahora que se cubren sus gastos básicos y sus necesidades de ahorro, ya sabe cuánto dinero tiene para gastar sin culpa en lo que quiera, como ir de compras, comer fuera y divertirse. Usted y su cónyuge pueden tener esa cantidad en efectivo cada mes, pero cuando se agota el dinero, desaparece hasta el mes siguiente. Cualquier cosa que no gastes puede ser transferida. La clave para la felicidad conyugal es que ninguno de ustedes puede cuestionar cómo gasta el otro su asignación.

Después de realizar este ejercicio, nuestra persona que llamó a la línea de ayuda descubrió que él y su esposa podían vivir dentro de sus posibilidades simplemente comiendo menos. También pueden usar su próximo bono y una pequeña herencia para pagar su deuda de tarjeta de crédito en 3 años. Eso liberará dinero que pueden usar para sus otros objetivos, como ahorrar para la jubilación y hacer algunas mejoras en el hogar.

La idea es controlar su futuro financiero. Después de todo, sabes lo duro que trabajas por tu dinero.

A algunas personas les cuesta motivarse para ahorrar, pero a menudo es mucho más fácil si se establece una meta.

Su primer paso es tener algunos ahorros de emergencia: dinero para recurrir si tiene una emergencia, como un colapso de la caldera o si no puede trabajar por un tiempo. Intente obtener un gasto de tres meses en una cuenta de acceso fácil o instantáneo. No se preocupe si no puede guardar esto de inmediato, pero manténgalo como un objetivo al que apuntar. La mejor manera de ahorrar dinero es pagar algo de dinero en una cuenta de ahorros cada mes. Una vez que haya reservado su fondo de emergencia, los posibles objetivos de ahorro a considerar pueden incluir:

- Comprar un auto sin pedir un préstamo.
- Tomar vacaciones sin tener que preocuparse por las facturas cuando regrese.
- Tener algo de dinero extra para usar mientras está de baja por maternidad o paternidad.

A medida que sus ahorros comienzan a crecer, puede:

- Poner más dinero en su pensión. Es una excelente manera de asegurarse de que podrá vivir más cómodamente más adelante en la vida.

- Hacer un plan de inversión basado en sus objetivos y plazos.

- Mantenga registros de todos sus depósitos y compras. Registre cada uno en su registro de cheques, que el banco le proporcionará.

- Imprima o descargue su extracto bancario mensual si aún no recibe uno por correo. Si está haciendo todo en línea, hay un software que puede facilitar este paso, y el presupuesto.

- Haga sus propios cálculos de depósitos y retiros para asegurarse de que su banco no se haya perdido nada ni se haya liberado de su dinero. Concilie línea por línea, asegurándose de que su registro de cheques sea el mismo que el estado de cuenta.

- Encuentre el número final de cada estado de cuenta mensual y trabaje hacia atrás, verifique qué se ha borrado y qué no. Los depósitos que no se hayan liquidado deberán sustraerse de su saldo. Si sus cheques no se han liquidado, deberán volver a agregarse a su saldo hasta que lo hagan.

Vaya línea por línea y tenga en cuenta las tarifas que le cobren. Verlos de cerca puede solicitarle que llame y solicite que se eliminen algunos, lo que los bancos a menudo harán si persiste. Además, agregue los centavos de interés que haya recibido.

Una vez más, si tiene acceso a una computadora, o incluso a un teléfono inteligente, este proceso puede automatizarse utilizando software o aplicaciones financieras, lo que le ahorrará tiempo y frustración. El objetivo es revisar su flujo de caja, buscar errores y aprender de lo que ve.

Después de haber tenido la oportunidad de controlar sus ingresos y gastos durante un mes o dos, estará más al tanto de las áreas que deben ajustarse. Tal vez sus estimaciones de ingresos mensuales iniciales estaban apagadas, o tal vez no tuvo en cuenta los gastos como reparaciones de automóviles o facturas veterinarias. Realice ajustes, pero siempre equilibre las entradas con las salidas.

Una vez que resuelva todos los problemas de su presupuesto, debe comprometerse a seguirlo. Sin embargo, no hay presupuesto para siempre, por lo que las revisiones periódicas son clave para el éxito.

Si obtiene una promoción, por ejemplo, puede aumentar sus gastos discrecionales y sus objetivos de ahorro. Por otro lado, un despido o menos horas de trabajo podrían significar reducir el gasto hasta que restablezca sus ingresos.

Los ahorros deben ser parte del plan. Los planificadores financieros recomiendan que sus ahorros cubran seis meses de ingresos, suficientes para compensar la pérdida de empleo u otra emergencia. Puede que le resulte útil abrir una cuenta de ahorro separada y financiarla gradualmente hasta alcanzar la meta. Mantener una cuenta separada hará que sea más difícil asaltar el fondo de emergencia para cubrir elementos no esenciales.

Como se mencionó, un fondo de emergencia es crucial para la seguridad financiera. Comience reservando 20 pesos por semana. En un año, tendría 960 pesos, más cualquier interés, para cuando el refrigerador deje de funcionar o cuando la transmisión explote.

Los expertos recomiendan mirar sus retenciones de impuestos para encontrar efectivo oculto. Si recibe un reembolso grande cada año, tal vez necesite cambiar su estado civil para recibir dinero adicional en su cheque de pago para destinarlo a un fondo de emergencia. A menos que, es decir, esté poniendo sus fondos de declaración de impuestos en ese mismo fondo.

Las crisis médicas en particular pueden dar la vuelta a un presupuesto equilibrado. Negocie grandes gastos médicos, como una hospitalización de emergencia, con el hospital. Casi todos los hospitales negocian tarifas. A menudo, si se contacta con ellos de inmediato en lugar de esperar hasta que el monto entre en cobranza, el hospital o el consultorio del proveedor pueden establecer un plan de pago.

Si no, una consolidación de facturas médicas puede ayudar, ya que le permite combinar todas sus facturas médicas en una factura mensual más baja a través de una agencia o un préstamo bancario. Esto no solo lo hace más fácil para usted, sino que el acuerdo protege su puntaje de crédito porque puede realizar pagos a tiempo. La desventaja es que puede llevarle más tiempo pagar su deuda en su totalidad.

Crear un presupuesto es el primer paso, pero mantener el presupuesto es donde comienzas a ver un crecimiento real en ti mismo y más duración de tu dinero. Cumplir con un presupuesto puede ser una tarea difícil para las personas que no están acostumbradas a gastar con límites o autodisciplinarse en sus finanzas, por lo que es importante mantener una actitud positiva hacia el proceso.

Mantenerse motivado puede ayudar a aliviar algunas de las presiones del presupuesto. Considere como algo no negociable el reservar una porción de dinero mes tras mes para poder esperar unas vacaciones relajantes al final del año. Finalmente, establezca metas realistas y alcanzables. Comience lentamente y desarrolle un plan que funcione para usted y su estilo de vida.

Siempre debe recordar la importancia de diferenciar entre lo que se desea y lo que se necesita. Es posible que no pueda obtener las cosas que desea, pero si lo intenta, obtendrá lo que necesita.

¿Cómo se separan los deseos de las necesidades y por qué molestarse? Para muchos de nosotros, saber dónde trazar la línea puede significar la diferencia entre crear un presupuesto exitoso e ir a la quiebra. Entonces, ¿cuál es la diferencia? La mayoría de las necesidades son sinónimos de gastos no discrecionales. Incluyen refugio, que exige el pago de la renta o una hipoteca, y alimentos, que resultan en facturas de comestibles. Hay muchos otros artículos que son básicos y no negociables, pero la categoría no negociable deja espacio para elegir.

Por ejemplo, si necesita un automóvil para ir a trabajar, puede comprar un vehículo usado o uno nuevo. La diferencia de precio es enorme, y una marca menos costosa seguramente impresionará a sus amigos y ofrecerá una excelente experiencia de manejo. La pregunta es ¿qué puede pagar? Si gana 50,000 al año, el auto usado podría ser suyo sin estirar sus finanzas. Pero si se lleva a casa 4,000, es mejor quedarse con el usado.

La misma regla se aplica a la vivienda: ¿debe alquilar un apartamento de una habitación o comprar una casa de 40,000? Una vez más, ambos ofrecen refugio, pero a costos radicalmente diferentes.

También existe la diferencia entre las necesidades y los elementos por los que podría vivir sin ellos. Piense en tomar unas vacaciones en Tailandia en lugar de una semana conduciendo a parques estatales cerca de su hogar. Ambos pueden ofrecer lugares satisfactorios y relajantes para pasar su centro, pero los costos son radicalmente diferentes. También piense en la compra por impulso. Digamos que va a la tienda de mejoras para el hogar para comprar un poco de fertilizante para el césped y se va con una cortadora de césped que no había planeado comprar. Es posible que necesite una nueva empresa de mudanzas, pero es una buena idea investigar modelos y precios antes de reducir su dinero.

Conocer la diferencia entre deseos y necesidades es la clave para un presupuesto exitoso. Puede hacer un presupuesto para algunas compras impulsivas o actualizaciones de productos, pero comprenda lo que está haciendo, muestre moderación y siempre asegúrese de que su presupuesto se equilibre.

Tema 4. Empleo de plantillas de registros y manejo de ingresos estables proyectados en el futuro.

Los presupuestos son documentos vivos. Así como la vida cambia constantemente, las demandas de su presupuesto también cambian. Por esa razón, es bueno revisar regularmente su presupuesto para ajustarlo a los cambios en ingresos y gastos.

¿Qué deberías considerar? En el lado de los ingresos, debe hacer ajustes si obtiene un aumento o recibe una ganancia inesperada como una herencia. Debe ajustar si pierde su trabajo o se muda a uno nuevo. Casarse o divorciarse requiere una reelaboración masiva de su presupuesto. Al igual que tener un hijo. A veces, los cambios son más pequeños o temporales, por ejemplo, un copago del seguro médico puede requerir un ajuste temporal.

No necesita revisar todo su presupuesto cuando se producen cambios. Su renta es renta, y es poco probable que cambie lo que gasta cada mes en su automóvil. Pero otras cosas son más flexibles. Si sus ingresos caen, podría comer menos. Si aumenta, podría ahorrar más, pagar la deuda más rápido o hacer una compra discrecional.

No existe una regla estricta sobre cuándo revisar su presupuesto. Algunos consultores financieros sugieren hacerlo constantemente, otros sugieren cada varios meses. Probablemente sea bueno considerar revisar su presupuesto cuando ocurran eventos que cambien la vida, y establecer intervalos para ajustarse a cosas más pequeñas como la inflación y los cambios en los costos fijos.

Debería considerar hacer del ahorro automático una parte de su presupuesto. ¿Qué es el ahorro automático? Es el dinero que reserva para financiar una cuenta de emergencia, pagar regalos de Navidad más adelante en el año o crear un fondo universitario para sus hijos.

El ahorro automático se maneja mejor mediante la retención de cheques de pago. Si está ahorrando para la jubilación y su compañía ofrece un plan, regístrese y se le retendrá dinero de su cheque de pago. Muchos empleadores también ofrecen planes de ahorro médico y de cuidado infantil, que generalmente están exentos de impuestos. También puede depositar su salario automáticamente en una cuenta corriente y luego transferir parte del pago a una cuenta de ahorros que no planea tocar.

Existen muchas estrategias para el ahorro automático. Hable con un asesor financiero para obtener más información sobre las opciones y la cantidad de ahorro que puede pagar. Una vez que implemente un plan, manténgalo. Los porcentajes variarán, pero si su empresa igualará las contribuciones a su plan, ahorre al menos la cantidad máxima que se igualará. Otros ahorros estarán determinados en gran medida por sus ingresos y gastos. Si necesita retener el 20% de su cheque de pago para cubrir el alquiler, asegúrese de hacerlo. Saber cuánto dinero necesita y ahorrar para ello le garantizará cubrir sus gastos y prepararse para el futuro.

Los expertos financieros han presentado porcentajes recomendados de gasto para ayudar a las personas a presupuestar por primera vez. Por ejemplo, se sugiere que no gaste más del 30% de su ingreso bruto mensual en vivienda, ya sea que esté alquilando o poseyendo.

Los automóviles son el próximo gasto más grande para los consumidores y probablemente la mayor tentación de gastar de más. La mejor idea es seguir gastando entre el 10% y el 15% de sus ingresos mensuales. Cualquier cosa más allá de eso te estira, especialmente si surge una emergencia financiera.

Los préstamos estudiantiles pueden ser otra variable en su presupuesto mensual. Existen varios planes de pago basados en los ingresos que limitan sus pagos al 10-15% de sus ingresos. Es un número seguro, pero a menudo extenderá los pagos unos años y terminará costándole una pequeña fortuna en los cargos por intereses. Intente usar el 20% de su presupuesto, especialmente si no tiene un pago de automóvil o está dividiendo el alquiler con los compañeros de cuarto.

Otros porcentajes sugeridos para gastos corrientes incluyen utilidades (10%); comida (10-15%) y ahorro (10-15%).

Debe comprometerse a mantenerse dentro del presupuesto hasta que vea resultados o estabilidad. La mejor manera de lograr esto es crear un plan anual que cubra sus costos fijos, como el alquiler y el pago del automóvil, sus costos estacionales, como regalos y vacaciones, y sus costos discrecionales, como comer en restaurantes y comprar ropa. Trabaje todas estas cosas en una proyección de 12 meses y sígalas al pie de la letra.

Si encuentra fallas en el plan o si cambia su flujo de efectivo, puede modificarlo. De lo contrario, intenta quedarte con él. Considere usar software o aplicaciones de presupuesto para ayudarlo. Si se disciplina, se sorprenderá a medida que se paguen las deudas, crezcan los ahorros y se satisfagan sus necesidades.

Un enfoque de pronóstico para el presupuesto puede incluir métodos de abajo hacia arriba, de arriba hacia abajo, de origen público y basados en cero, por nombrar algunos. Las metodologías para cada uno se pueden dividir en si son cualitativas o cuantitativas. Cualitativo está marcado por el juicio del propietario del presupuesto, mientras que cuantitativo se basa más matemáticamente. En consecuencia, tanto las metodologías de pronóstico cualitativas como las cuantitativas tienen sus respectivas fortalezas y debilidades.

El sesgo puede afectar significativamente la utilidad de las técnicas de presupuestación, por lo que es importante considerar los aspectos políticos de un método. Ya sea que la necesidad de un vendedor sea "jugar con el sistema" para aumentar las probabilidades de alcanzar el bono o que la alta gerencia necesite alcanzar objetivos para apaciguar a los inversores, el sesgo a menudo estresará el proceso de presupuestación.

Los métodos cuantitativos simples también tienen sus puntos débiles. Con un cliente mío reciente, durante su presupuesto, estaba utilizando el crecimiento porcentual mensual promedio del año anterior para pronosticar las ventas de productos. Si bien este es un enfoque muy razonable, señalé que el crecimiento porcentual cayó durante el año. El uso de ese promedio anual completo podría conducir a un pronóstico agresivo sistemático si la tendencia continúa o incluso se estabiliza.

Como opinión personal, los procesos cuantitativos son la mejor opción para combinar con procesos cualitativos, ya que ayudan a verificar los supuestos de verificación de errores basados en los problemas anteriores. Recomiendo una base cuantitativa, ya que es rápida y relativamente imparcial. También explora las relaciones "definitorias de funciones" de la compañía entre gastos e ingresos, así como las tendencias de crecimiento. Dichos métodos también son más útiles para la planificación de escenarios y pueden ser una buena base para la evaluación comparativa y las previsiones continuas.

Como la situación financiera de cada persona es diferente, puede encontrar que no todas las categorías en las hojas de cálculo son aplicables a sus ingresos o gastos. Incluso puede reconocer que algunos meses son diferentes a otros, pero después de realizar algún ejercicio debería descubrir que está más preparado para esos cambios y que también está contabilizando los gastos imprevistos.

Aunque un ciclo de presupuesto mensual es generalmente el plazo más razonable para establecer un presupuesto inicial personal o familiar, existen muchas fuentes de ingresos y gastos que no siguen perfectamente un cronograma mes tras mes.

En ese caso, calcule cómo eso suma más de un mes y escríbalo en la fila y columna apropiada. También puede tener ciertos gastos esperados o incluso recurrentes que ocurren con mayor o menor frecuencia que mensualmente. Para contabilizar esos gastos (como el seguro de automóvil) en su presupuesto mensual, simplemente calcule el gasto total para el año calendario y divídalo entre 12 para encontrar el gasto "mensual". Escribe ese número en la fila y columna apropiada.

Para comenzar, reúna todos los estados financieros relevantes, como sus talones de pago, facturas de tarjetas de crédito y cualquier otra información que lo ayude a hacer la mejor y más precisa estimación de sus ingresos y gastos esperados.

Para comenzar su presupuesto, complete la columna del monto del presupuesto mensual en la Hoja de cálculo de gastos lo mejor que pueda para el próximo mes. Si una determinada categoría no se aplica a usted, simplemente puede dejarla en blanco o ingresar un cero (0) en el cuadro.

En el transcurso del mes, realice un seguimiento de sus ingresos y gastos. Al final del mes, complete la columna "Monto real mensual" y compárela con sus estimaciones originales. Es posible que haya sobreestimado la cantidad que gastaría en ropa, pero subestimó la cantidad que gastaría comiendo fuera. Registra la diferencia.

No necesita realizar este ejercicio todos los meses, pero es extremadamente útil al principio, ya que le ayuda a desarrollar el presupuesto mensual más preciso para hacer referencia en el futuro.

Cuando se trata de dinero para objetivos a corto plazo, los expertos en finanzas dicen que las personas deberían centrarse en ahorrar en lugar de invertir. El dinero necesario en menos de tres años debe protegerse de la volatilidad del mercado.

"La inversión a corto plazo es donde la gente comete errores", dice Oliver Lee, propietario del Grupo de

Planificación Estratégica en Lake Orion, Michigan. "Ven la luz brillante que dice el 6 por ciento y entran". Sin embargo, esos tipos de devoluciones generalmente requieren que las personas asuman riesgos que no deberían con el dinero que se necesitará en breve.

Para objetivos a corto plazo, pruebe una de las siguientes inversiones a corto plazo:

Cuentas de ahorro de alto rendimiento.

Fondos de bonos a corto plazo.

Fondos de renta fija.

Apuntes estructurados y otros.

La gente debería olvidarse de invertir el dinero necesario en menos de un año. En cambio, encuentre una cuenta de ahorro de alto rendimiento para mantener el dinero seguro y a la vez disponible tan pronto lo necesita usar. El dinero en una cuenta de ahorros está asegurado y, por lo tanto, está a salvo de cualquier pérdida. Las cuentas del mercado monetario son otra opción de inversión a corto plazo. "Si bien la Fed está bajando las tasas actualmente, hay muchos fondos del mercado monetario que proporcionan un rendimiento razonable para el efectivo a corto plazo", dice Lockyer. Pueden ofrecer un interés comparable a algunos otros y vienen con menos restricciones. Sin embargo, es posible que solo se le permita hacer un número limitado de retiros de la cuenta cada mes.

Del mismo modo, los fondos de renta fija ofrecen una forma relativamente estable de obtener un rendimiento mayor que el ofrecido a través de cuentas de ahorro o del mercado monetario. Muchos de estos fondos incluyen bonos, pero también pueden incluir otros valores. Los fondos de renta fija no ofrecen mucho en cuanto a ganancias, pero están diseñados para minimizar el riesgo y limitar las pérdidas en un mercado a la baja para que puedan hacer buenas inversiones a corto plazo.

Michael Windle, un profesional certificado en ingresos de jubilación y propietario de C. Curtis Financial en Plymouth, Michigan, dice que las personas a veces cometen un error al pensar que necesitan ahorrar miles de dólares antes de poder invertir en ingresos fijos u otros fondos del mercado. "En lugar de depositar dinero en una cuenta de ahorros, simplemente póngalo en [inversiones]", dice. Hacer esto puede ayudar a mejorar el rendimiento general.

Para obtener dinero que no se necesita durante al menos tres años, considere colocar al menos una parte en acciones del mercado de valores. Como la mayoría de los mercados bajistas duran de nueve a 16 meses, alguien que invierta con un horizonte temporal de cinco años puede permitirse el riesgo de un mercado a la baja. Es probable que sus inversiones se recuperen antes de que se necesite el efectivo. Sin embargo, para estar seguros, las personas deben comenzar a transferir dinero a fondos de renta fija y bonos a medida que se acerca a cuándo se utilizará para el propósito previsto.

Mark Charnet, fundador y CEO de American Prosperity Group, una firma financiera con sede en Pompton Plains, Nueva Jersey, dice que los trabajadores deben ser conscientes de cuánto tiempo tienen para compensar las pérdidas que generan. También necesitan trasladar su dinero a inversiones más conservadoras y menos riesgosas a medida que se acercan a la jubilación.

Debe tomar en cuenta que para mejorar sus ingresos o entradas debe siempre asumir el ahorro como método de previsión en caso de que surja una necesidad obligatoria. De este modo usted se estará protegiendo de aquellos gastos imprevistos los cuales siempre surgirán de algún modo u otro haciendo desajustes en sus ingresos y por ende del presupuesto fijado en su plan.

Conclusión

Al definir claramente el concepto de presupuesto, la utilidad y su importancia, hemos también identificado diversos tipos de presupuestos que se pueden aplicar de acuerdo al tipo de organización. Las herramientas mencionadas serán clave para pautar una mejor aplicación teórico - práctica en los procesos administrativos de cualquier empresa o de manera personal. De tal forma que conocer los principales conceptos asociados a los presupuestos le serán de mucha utilidad para elaborar predicciones de sus ventas, recursos, producción, finanzas, tiempo, optimización y cualquier otra actividad asociada con el ciclo normal de su vida o de su empresa.

Emprender inicia precisamente por evaluar nuestra vida, las acciones que nos ayudan y las que nos perjudican. Ciertamente a veces resulta difícil aceptar o identificar qué cosas cotidianas nos perjudican impidiendo nuestro avance en la consolidación de nuestras metas, es allí donde la toma de decisiones efectivas marcará la diferencia entre avanzar o detenerse. Las cosas no llegan a nuestras manos de forma mágica, resulta necesario iniciar por nuestra paz interior para garantizar decisiones acertadas y justas tanto para nosotros como para los demás. Generalmente al obtener un ingreso viene el dilema entre aquello que nos gusta y aquello que realmente necesitamos. En tal sentido debemos organizar la distribución equitativa entre las necesidades básicas y un fondo de dinero (ahorro) para cubrir emergencias no previstas que pueden o no surgir hoy o en un futuro. De igual manera, es muy importante guardar una cantidad de dinero mensualmente con el objetivo de prepararse para una futura jubilación.

Cada día representa un nuevo milagro de vida y esperanza especialmente cuando se trata de responder a la dinámica de una sociedad en constante crecimiento, es así como los retos representan una realidad a la cual debemos adaptarnos con la clara convicción de crecer en lo espiritual, en lo familiar y por supuesto en lo financiero, puesto que sólo de esta forma ganaremos espacios tanto de crecimiento como de paz. Al estar tranquilos seremos más productivos en nuestros espacios de trabajo, más exitosos al ser cautelosos en la toma de decisiones realmente efectivas y más seguros en nuestras relaciones interpersonales.

Los gastos no deben agobiarnos ya que pueden organizarse para cubrir las necesidades sin caer en deudas excesivas que comprometan las utilidades de fin de año. De esta forma podemos equilibrar los servicios públicos de nuestra vivienda principal (agua, electricidad, teléfono, gas, aseo, internet, residencia, entre otros), además debemos incluir la alimentación, salud, transporte, esparcimiento, este último aunque no es una prioridad sí es necesario porque así podemos compartir un momento agradable junto a nuestro grupo familiar generando un ambiente de integración, no con ello quiero decir que debe ser un gasto ostentoso que comprometa todo el ingreso, puede incluso ser una comida en casa diferente al resto de los demás días, una salida al parque o simplemente un helado, es obsequiar una sonrisa a nuestros pequeños, eso nos dará alegría y ánimo en los momentos difíciles.

Además dentro de nuestra organización no debemos olvidar los chequeos rutinarios de salud lo cual disminuirá enormemente tratamientos costosos que nos afectan tanto psicológicamente como económicamente ya que allí vuelve a presentarse el dilema atiendo mi salud o los gastos fundamentales de nuestro grupo familiar. Ahora bien debes tener presente que si olvidas comer, descansar, tomar vitaminas, e ir al médico por chequeos de rutina ya no podrás ser el punto de apoyo de tu familia sino una preocupación al caer convaleciente en cama. Si bien es cierto que algunas enfermedades aparecen y poco podemos hacer para evitarlas, también es cierto que un buen estado de ánimo y cuidarnos adecuadamente disminuirá las posibilidades de enfermedades graves al ser diagnosticadas a tiempo, ya que el mejor obsequio para nuestros seres queridos no es el teléfono más costoso, sino el calor de un abrazo cada día, una sonrisa al llegar y una palabra de ánimo en nuestros momentos más difíciles. Todos somos muy valiosos para los demás, no seas solo un recuerdo por no haber cuidado de tu salud a tiempo.

Hay que tener un equilibrio entre los ingresos y los egresos para no sobrecargar nuestra verdadera capacidad de pago, al darnos cuenta de nuestra realidad podremos reconocer si nuestras decisiones han sido acertadas o desafortunadamente hemos realizado gastos innecesarios. Reconocer las decisiones erradas es el primer paso para permitir un cambio significativo en nuestras vidas, y tomar las previsiones que nos permitirá cubrir gastos esperados y también los gastos inesperados los cuales pueden aparecen en cualquier momento y solo con serenidad podemos salir airosos de tales imprevistos. De igual forma el ahorro es una valiosa lección que debemos enseñar a nuestros pequeños desde sus primeros años de vida y esto lo empezamos a desarrollar con el ejemplo.

Existen gastos que pueden amortiguarse en varios meses, evitando de esta forma gastos excesivos en un solo mes, en tal caso podemos apoyarnos en el uso de tarjetas de crédito lo cual nos permite cubrir gastos e ir cancelando de manera progresiva en una cantidad accesible a nuestro presupuesto mensual, lo cual nos permitirá ir generando un antecedente positivo ante la entidad financiera en la cual tenemos nuestras cuentas bancarias, puesto que en caso de requerir un crédito extraordinario el secreto consiste en mantener un buen antecedente de pago lo cual demostrará que podemos adquirir nuevos créditos. Para ello debemos ser responsables al momento de cancelar sin esperar las notificaciones, el descuento directo de nuestras cuentas bancarias y menos aún ser clasificado como un cliente moroso.

Al observar nuestros compromisos de pago podemos organizarlos de acuerdo a la fecha de corte, así tendremos como prioridad cancelar algunos al inicio de mes y otros al finalizar el mes, demostrando de esta forma al prestador del servicio que tenemos la capacidad de cumplir en la fecha prevista los compromisos adquiridos, evitando preocupaciones por gastos no tomados en cuenta, para ello los reflejamos en una hoja indicando a la izquierda activos y a la derecha los pasivos por orden de importancia.

Un nivel de vida adecuado debe ser una prioridad, puesto que si nos alimentamos bien podemos ser productivos y disminuir el riesgo de enfermedades, en tal sentido también es necesario equilibrar el trabajo, el descanso y el compartir en familia, puesto que de nada sirve que cubras todas las necesidades económicas si no atienden las necesidades afectivas que diariamente están presentes en nuestro día a día, muchas veces las preocupaciones llegan a tal punto que no podemos conciliar el sueño lo cual afecta nuestra calidad de vida, las palabras claves son serenidad, sabiduría y firmeza. Serenidad al enfrentar las situaciones sin desesperarnos, sabiduría en la toma de decisiones y firmeza en mantener los cambios que nos permitan ser más felices y productivos. Ahorra no solo dinero sino también tiempo al realizar las tareas sencillas y cotidianas en el menor tiempo posible ya que eso disminuirá tus preocupaciones y aumentará tu tranquilidad al demostrar que el esfuerzo fue recompensado con éxito.

Este texto práctico ha tenido como misión hacerle comprender y valorar el tema del presupuesto como parte de los procesos administrativos dentro de la planificación, como un insustituible instrumento para predecir el rumbo de la empresa en base a supuestos que le permitan abrir el camino al éxito corporativo y empresarial para luego mejorar su vida financiera y establecer valores económicos para su desarrollo y avance en el mundo de los negocios. En forma general pareciera que el presupuesto representa mayormente los gastos que se pueden o deben realizar para lograr un objetivo de beneficio económico, recuerde que antes de la rigidez de un plan presupuestario es necesario tomar en cuenta el juicio que el planificador establece para definir el criterio de seguimiento sobre los objetivos de la organización.

www.ingramcontent.com/pod-product-compliance
Lightning Source LLC
Chambersburg PA
CBHW061051220326
41597CB00018BA/3001